U0607680

Zhongguo Wenhua
Zhishi Duben

中国文化知识读本

珞巴族

主编　金开诚

编著　崔华洋

吉林出版集团有限责任公司

吉林文史出版社

图书在版编目（CIP）数据

珞巴族 / 崔华洋编著 . —长春：吉林出版集团有
限责任公司：吉林文史出版社，2010.5（2022.1重印）
（中国文化知识读本）
ISBN 978-7-5463-2977-2

Ⅰ . ①珞… Ⅱ . ①崔… Ⅲ . ①珞巴族－民族文化－中
国 Ⅳ . ① K287.7

中国版本图书馆 CIP 数据核字（2010）第 086633 号

珞巴族

LUO BA ZU

主编/ 金开诚　编著/崔华洋

项目负责/崔博华　责任编辑/曹恒　于涉

责任校对/钟 杉　装帧设计/曹恒

出版发行/吉林文史出版社　吉林出版集团有限责任公司

地址/长春市人民大街4646号　邮编/130021

电话/0431-86037503　传真/0431-86037589

印刷 / 三河市金兆印刷装订有限公司

版次/2010 年 5 月第 1 版　2022 年 1 月第 3 次印刷

开本/650mm×960mm　1/16

印张/8　字数/30千

书号/ISBN 978-7-5463-2977-2

定价/34.80元

《中国文化知识读本》编委会

主　任　胡宪武

副主任　马　竞　周殿富　孙鹤娟　董维仁

编　委（按姓氏笔画排列）

于春海　王汝梅　吕庆业　刘　野　李立厚

邴　正　张文东　张晶昱　陈少志　范中华

郑　毅　徐　潜　曹　恒　曹保明　崔　为

崔博华　程舒炜

关于《中国文化知识读本》

文化是一种社会现象，是人类物质文明和精神文明有机融合的产物；同时又是一种历史现象，是社会的历史沉积。当今世界，随着经济全球化进程的加快，人们也越来越重视本民族的文化。我们只有加强对本民族文化的继承和创新，才能更好地弘扬民族精神，增强民族凝聚力。历史经验告诉我们，任何一个民族要想屹立于世界民族之林，必须具有自尊、自信、自强的民族意识。文化是维系一个民族生存和发展的强大动力。一个民族的存在依赖文化，文化的解体就是一个民族的消亡。

随着我国综合国力的日益强大，广大民众对重塑民族自尊心和自豪感的愿望日益迫切。作为民族大家庭中的一员，将源远流长、博大精深的中国文化继承并传播给广大群众，特别是青年一代，是我们出版人义不容辞的责任。

《中国文化知识读本》是由吉林出版集团有限责任公司和吉林文史出版社组织国内知名专家学者编写的一套旨在传播中华五千年优秀传统文化，提高全民文化修养的大型知识读本。该书在深入挖掘和整理中华优秀传统文化成果的同时，结合社会发展，注入了时代精神。书中优美生动的文字、简明通俗的语言、图文并茂的形式，把中国文化中的物态文化、制度文化、行为文化、精神文化等知识要点全面展示给读者。点点滴滴的文化知识仿佛繁星，组成了灿烂辉煌的中国文化的天穹。

希望本书能为弘扬中华五千年优秀传统文化、增强各民族团结、构建社会主义和谐社会尽一份绵薄之力，也坚信我们的中华民族一定能够早日实现伟大复兴！

目录

一 美丽动人的神话传说

西藏山南风光

　　珞巴族是一个人口很少的民族，但却有着很多美丽动人的神话传说。相传大地母亲生了金冬（太阳）的九个兄妹，金冬又生了冬日（老虎），而冬日的儿子阿巴达尼是个非凡人物。他长着四只敏锐的眼睛，前面两只观察光明世界，后面两只监视恶魔妖怪。能够上天入地，世间万物无不在他的掌握之中。他还是个能工巧匠，发明了制陶术和架桥术，为人类做了许许多多的好事。阿巴达尼就是珞巴人的祖先。因此，珞巴族是一个信奉万物有灵的民族。

　　关于珞巴人的传说还有很多，其中有一个关于珞巴人祖先由来的传说。珞巴人以狩猎为生，兼营农耕。狩猎是离不开猎狗的，他们相依为命，长年吃住在一起。有一天，两个猎人牵了二十只猎狗进入林中狩猎。猎狗围住一棵大树狂叫不止。猎人赶到后发现是一个大树洞，有半间房子那么大。一个猎人说："射箭吧。"另一个则说："看看动静再说。"他们在洞口大喊大叫。不久，从树洞中窜出一头母野猪，奔向茫茫林海。一个叫珞扎的猎人钻入洞中，看见一堆干草上躺着一个还不会走路的小孩。他抱起小孩，对大家说："这是一个野人的小孩，他长大后要吃人的，留着会给我们带来灾难的。"一个叫达仁的猎人说："是鬼也好，是神也罢，反正我没有后代，我收留他了。"

雪山和经幡

美丽动人的神话传说

雅鲁藏布江风光

达仁的妻子亚姆是个善良贤惠的妇女，她给捡来的孩子喂乳汁、喂鸡蛋、喂鸡爪谷甜酒。儿子一天天长大，到十二岁时他就能跟随大人上山狩猎了，而且他的箭法百发百中，猎获了很多很多野兽，都平均分给了大家。到他十八岁时，聪明过人，占卜技巧超人，深受大家的夸奖和尊重。他结婚后在米日建家立业，后来成了米日大氏族。因此他们视野猪为他们的图腾，从不猎获野猪，还有不少祭祀活动。

墨脱东部地区的珞巴族又在《浪错湖的

雅鲁藏布江岸边的牛羊

来历》的神话中讲到，在东布村西面的高
山上，有一个大岩洞，很早以前，珞巴人
就住在这个岩洞里。后来，人们为了见识
洞外的风光，才从洞中走了出来。达额木
部落的传说也讲，他们的祖先是从宫堆颇
章的山洞里出来的。这些神话传说，或多
或少反映了珞巴族远古祖先在山洞居住的
历史。而在珞巴族的现实生活中仍能找到
穴处巢居的踪迹。

在珞巴族的民间，还有一个关于五兄弟的
神话。一个暴雨天，太阳的儿子达西和月

亮的女儿亚姆同时降落人间，那时地上没有树，也没有庄稼，更没有人和动物。他俩住在岩洞里，看天是蓝的，水也是蓝的，景色美极了。他们结婚后，五年连生五个儿子。没有几年，五兄弟都长大了。他们把头发撒落在地上，长出了茂密的森林，他们的粪便变成了群山，他们的尿汇成了条条江河和湖泊，稻种是从仙鸟嗉中长出来的，野牛、黄羊是指甲变成的。五兄弟从此不用再挖草根度日了，可以有粮食吃，身上有树叶遮羞，日子过得不错。可是，新问题又出现了，成群的野兽从面前跑过，就是捉不住。大哥说：咱们没有肉吃，生活够苦了，咱们分家吧，

喜马拉雅山远眺

珞巴族

日落时分的雅鲁藏布江

各自想办法。老二附和长兄的意见。三个弟弟再三劝说，没有挽留住大哥和二哥。他们俩朝着树叶指的方向走去。二哥在波堆（今波密一带）患病留下了。大哥聪明，身体也好，走了好多好多个"克土"天（二十天为一个克土，是珞巴人的最大数字），到了峨眉山，在那里住下了。大哥和二哥都与猴子结婚，生了很多很多的后代。后来，老三、老四和老五也因不和分了家。老四往西迁徙到门隅和主隅（今不丹），

**珞巴族生活的地方
依山傍水**

老五往东在察隅定居下来。只有老三，不愿离开家乡，继续住在山洞里，成为珞巴族的祖先。有一次，老三被藤绊了一跤，从中得到了启示，制成了弓箭。此后可以随心所欲地猎取各种野兽，生活更好了，就这样珞巴人在珞瑜地区繁衍至今。

二 勤劳耕种的高原民族

珞巴族村落

喜马拉雅山下的农耕生活

我国是一个统一的多民族国家，56 个兄弟民族共同开拓了辽阔的疆土、缔造和创建了和灿烂的中华文明。在祖国漫长的开疆拓土的建设史和保家卫国的反侵略斗争史上，中华各民族不分大小和强弱都作出了自己的贡献。

珞巴族作为 56 个少数民族中人口最少的一个民族，也有着其漫长的反侵略斗争史。珞巴族人民面对殖民主义扩张势力和外国侵略者时表现出了凛然正气和铮铮铁骨。他们不为侵略者的威逼、利诱和挑拨所动，发出了"绝不会抛弃祖宗世代，任何情况下均将

珞巴族

山脚下的珞巴族人家

效忠"的誓言。他们与侵略者进行了可歌可泣的浴血抗争。

珞巴族是又是一个勤劳勇敢的民族，他们所生活的珞瑜地区的耕地有水田、旱田和园圃地三种，旱田占耕地面积的百分之五十以上。旱地以刀耕火种的原始生产方式为主，这种地多在离村较远、阳光照射充足的山腰林间。被砍伐的树木和灌木烧后，留在地上的草木灰是天然的肥料，可以大大提高土壤肥力，促进农作物生长。水田约占耕地面积的百分之二十。园圃地离家近，施肥、精耕细作，架有篱笆，主

勤劳耕种的高原民族

西藏察隅——雪山脚下的村落

要种植各种蔬菜，边沿栽植香蕉、甘蔗等。农业生产工具简单粗糙，除了少量的铁制砍刀、长刀外，大多数地区还使用着木质工具，如播种用的木尖棍、锄草用的木楸、木锄等。种植玉米、龙爪粟、旱稻及其他杂粮，粮食产量很低。他们在农耕的同时也兼顾狩猎，当捕获到大型动物时，会在民族或村落内平

珞巴族

珞巴族水田

均分配。

　　每年十一月至第二年的二月是刀砍季
节。若是新垦林地要早砍，在秋冬之交砍
伐；如果是轮休地过年后砍伐。每年的三
至五月为旱季，也是点火季节。在方圆两
三天路程内统一点火，由氏族或部落首领
下令点火日期，砍倒的树木和杂草灌木，

春耕

经过几个月的暴晒，一见火就"劈里啪啦"地燃烧起来，一块地往往要烧三五天。在烧火的日子里，烟火缭绕，成天不见太阳。烧后一周捡除未烧尽的树枝堆于一处，便可下种了。树木杂草化为灰烬，烧得越透，肥力越高，杂草越少，庄稼长得越好。土地肥力高的，可以连续使用两三年，一般土地的种植一年就遗弃轮休五年左右再砍伐种植。刀耕火种地省工，产量高，村庄附近肥力不足的常耕地反而不及它的产量高，因此，珞巴人很喜欢这种耕地方式。

播种完后，家家户户在刀耕火种地头，

青稞

进行祈丰收祭祀。每户做十升大米饭和一石锅菜，盛入竹皿和木碗中，放在地边，对地神说："请保佑丰收，不遭兽害。"

耕作粗放决定了农作物产量的不稳定性，年景好，收成可达种子的五十几倍，一般情况仅可以收回种子的二十几倍。每当庄稼成熟的时候，猴子、野猪、熊糟蹋庄稼十分严重，甚至一夜之间全部毁尽。

秋收前，在十月举行望果节活动。在村内公房旁，摆上各种粮食，敬献酒肉祈求"年年丰收，人丁兴旺"。之后用大石锅煮肉，湿竹筒做米饭，人均一份，连续欢庆五天。

收获季节是最繁忙的，七八月份是夏收，主要收获青稞、小麦、早熟玉米、小米、鸡爪谷、豆类等。水旱稻、鸡爪谷、小米是用两根竹棍夹掉穗头，玉米是掰棒子，小麦、豆类是秧杆收割。刀耕火种地里建有离地一米多高的竹楼，所收玉米全部储藏于内，不上锁，随吃随取，没有发生过失窃情况。因此，珞巴族也被誉为"不上锁的民族"。

土地村社公有制的残余还普遍存在。村社之间以溪谷、山脊、河流或道路等自然物与四邻为界。村社范围内的土地最初是公有土地。村社成员可以在公有土地上刀耕火种、

农耕时节

开荒、狩猎或从事其他生产活动。这种情况到今天仍在延续着。

珞巴族人还会编制竹筐、竹席、竹笼和竹绳。这些器物，做工精细，品种繁多，都反映了珞巴族物质文化的特点。他们用农闲时制作的这些物品和鲁皮、黄连、麝香、熊掌、辣椒、染料草等土特产品，到察隅、米林、墨脱等县城附近，从藏族那里换回铁质工具、食盐、羊毛、衣服、粮食、茶叶等生活必需品。

竹筐

珞巴族的雕刻艺术与塑像艺术也很有自己的特色。他们除了会雕制十齿木梳外，还能在驱蚊虫燃烟的竹筒、老人用的竹拐杖、男子用的遮羞器、木刀鞘和箭筒等物品上，雕刻各种富有立体感的花纹图案，从而来显示他们精湛的雕工技艺。他们制作的独具一格的塑像还与宗教活动有着密切的关系，他们塑造的人、生殖器、牛、四不像、羊、狗、蛇、鸟等崇拜偶像，一般是以竹木为骨架，外面包扎竹屑、草或树叶，上边糊上少许泥巴，头部与四肢大都用木竹制作。有些偶像是用原木雕制的，制作粗糙，但却显示出了珞巴族人民的艺术想象力和模仿力。

世外桃源般的生活

珞巴族主要聚居在雅鲁藏布江南岸的西藏墨脱县，是我国人数最少的民族之一，主要以打猎为生，生活习惯与当地藏族、门巴族居民大致相同。墨脱县交通不便，他们极少和外界接触，年轻人也几乎没离开过家乡，风俗习惯和一些生活用具都是许久以前流传下来的。

尽管铁锅、铜锅和铝锅早已进入墨脱县，但传统的石锅仍是珞巴人最喜爱的当家炊具。石锅因为具有传热、散热慢，烧出的饭

墨脱石锅

菜味美可口的特点，而备受珞巴人的青睐，还可以作为上乘的馈赠佳品赠送给他人。

石锅的主要原料是皂石，主要来源于雅鲁藏布江两岸陡峭的悬崖上，质地软绵，呈灰褐色，可以耐摄氏两千度的高温。勇敢勤劳的珞巴人用它制出大小不同、形状各异的石锅：烧菜的小石锅小巧玲珑，长圆形，直径约30厘米，高20厘米，把长20厘米；烙饼使用的皂石板，直径约35厘米，板厚2厘米；供婴儿煮粥的锅呈扁圆形，直径约10厘米，留有长手柄。其实制造石锅并不难，首先选好材料，即用

林芝地区风光

铁斧在岩壁上挖一块皂石，再砍去多余部分，然后铲平锅壁、底部，使其平滑，一个石锅就做成了，这活虽然简单却要非常小心，若出意外就前功尽弃了。因此，制造石锅的人一定得是性情温和的人。

三 高原峡谷的时尚风情

珞巴人

由于珞巴族长期生活在高原峡谷，过着极为自由的生活。因此，在其衣着上也表现出他们粗犷豪放的性格。在衣服的制作上，他们充分利用了野生植物纤维和兽皮等原料。过去，在珞巴族地区流行一种叫"阶邦"的草裙，是用秸秆编成的。现在，妇女们基本都穿上土布衣裙，但还是习惯在外面置上一条草裙，起到对布裙的保护作用。

珞巴族妇女喜穿麻布织的对襟无领窄袖上衣，外面披上一张小牛皮，下身围上略过膝部的紧身筒裙，小腿裹上裹腿，两端用带子扎紧。珞巴族妇女很重视佩戴装饰品，身上的饰物多达数公斤重，可装满一个小竹背篓。除银质和铜质手镯、戒指外，还有几十圈的蓝白颜色相间的珍珠项链，腰部衣服上缀有许多海贝串成的圆球。这些装饰品是每个家庭多年交换所得，是家庭财富的象征。每逢节庆之时，妇女们一个个盛装打扮，互相比美。

男子的服饰充分显示出山林狩猎生活的特色。他们多穿用羊毛织成的长及腹部的黑色套头坎肩。背上披一块野牛皮，用皮条系在肩膀上。内穿藏式长袍。博嘎尔部落男子的帽子更是别具一格，用熊皮压制成圆形，

类似有沿的钢盔。帽檐上方套着带毛的熊皮圈，帽子后面还要有一块方形熊皮。这种熊皮帽十分坚韧，打猎时又能起到迷惑猎物的作用。男子平时出门时，背上弓箭，挎上腰刀，高大的身躯再配上其他闪光发亮的装饰品，显得格外威武英俊。

珞巴族男女都喜爱系一条比较有特点、比较考究的腰带出门。其中有藤编的，皮革制作的，也有用羊毛编的，并且上面织有各种彩色的图案。腰带除用来系衣裙

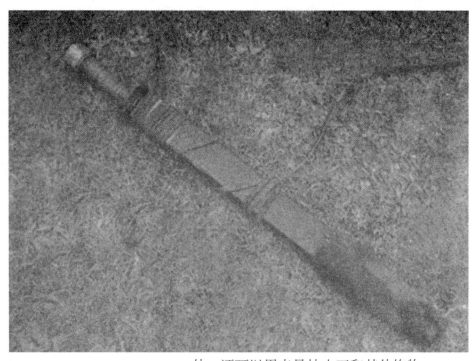

珞巴族长刀

外，还可以用来悬挂小刀和其他饰物。

佩戴长刀是珞巴族男子的爱好。长刀不单单是作为显示阳刚之气的装饰品，更是受自然条件的驱使，成了日常生活中的基本工具和重要武器。不仅可以用它来防止野兽和毒虫的袭击，而且可以用它来砍竹木，起房造屋甚至剪头发、裁剪兽皮等。除长刀之外，弓箭更是珞巴族男子不能离身之物，是狩猎的主要工具。珞巴人从幼儿时就开始练习射箭，他们制作弓箭的技艺很高，对弓箭的制作也很有讲究。制弓不但要选择竹种、竹龄，而且对弓长、厚薄都有固定的规格。制作一

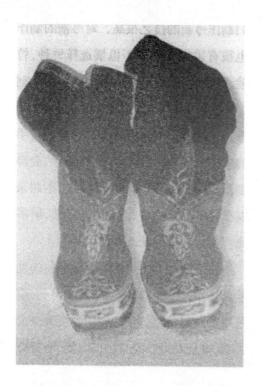

珞巴男子腰间爱佩带火镰

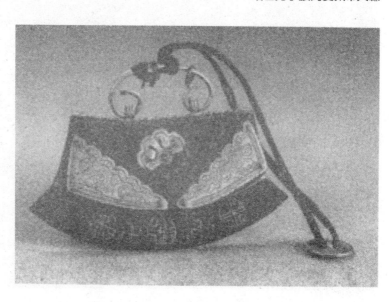

高原峡谷的时尚风情

副好的弓箭。大约需二十天左右。对于珞巴族的男性来说，善射是勇敢猎手的象征，一位勇猛出色的年轻猎手，会得到漂亮姑娘的垂青。谁家生了丁，四邻亲友以弓箭为礼祝贺。因此逢年过节，射箭比赛是一项最受欢迎的娱乐活动。

珞巴人还有一种称为"古马"的地箭。珞巴人使用的地箭，不用铁箭头，而是用一种叫做"达白"的竹子削尖熏烤成箭镞。安放在野兽经常出没之处。一旦野兽踩上机关，箭就自动射出，击中要害部位。

珞巴族民居

猎人服装独具特色，表现出珞巴族兼营

珞巴族

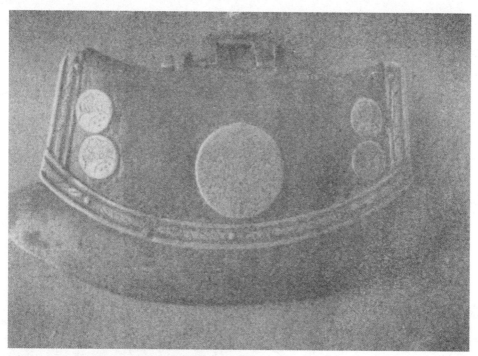

火镰

狩猎生产的特点。兽皮披肩，既轻巧又暖和，不渗水，抗湿性能好。头戴熊皮帽，挡雪遮雨。脚穿"里木"（统靴），鞋帮和鞋底全部是用"阿努"（瑞香树皮）纤维编织而成，它比现代胶鞋还结实数倍。一个健康男子一生狩猎四十年左右，四双"里木"足够穿了。小刀、火镰是狩猎不可缺少的工具，用黄羊皮当鞘，不易透水。兽皮短裤，柔软保暖。猎人狩猎时穿戴的衣物都离不开兽皮，这充分说明这个民族赖以生存的对象之一是野兽。

珞巴族传统猎具——地箭

珞巴族的发式多种多样。有的部落

高原峡谷的时尚风情

身着民族服饰的珞巴族少女

剪短发；有的长发散披背后，女的梳几条辫子垂于肩后；有的男女均蓄长发，发置于头顶，穿一根竹签；热带地方全为光头。有戴圆形礼帽的，有戴氆氇圆形帽的，有戴自编藤帽的，有戴熊皮帽的，帽前两边各固定一个野猪獠牙，有的部落还在帽上插若干根鸟翎，十分美观。

四 野味浓厚的珞巴饮食

珞巴族是喜马拉雅东部山区的居民，珞巴族生活习俗受藏族影响较深，日常饮食及食品制作方法，基本与藏族地区相同。珞巴族生活的自然环境和原始的生产方式，决定了他们有着与其他许多民族不同的独特的饮食文化习俗。如果你有机会在喜马拉雅山区旅行，在热情的珞巴家中做客，你将会体味到不同寻常的人生情趣和自然野趣。

珞巴族生活在喜马拉雅东部山区——"珞瑜"。这里气候温和，雨量充沛，森林茂密，给珞巴族的饮食提供了取之不尽、用之不竭的源泉。珞巴族的许多食品来自采集，

喜马拉雅山风光

珞巴族

农耕是珞巴族的主要食物来源

除种类繁多的野果、山芋、山薯、块根、野菜、竹笋外，这里还生长着珞巴话称作"达谐""达荠""达白"等棕榈科植物，富含淀粉，是珞巴人的主食。如生活在珞瑜西部腹地的许多部落或家族，就以占有达谐林等的多少作为财富的标志。

农耕是提供粮食的主要来源。珞瑜属于热带、亚热带和湿温带气候，向来素有"西藏的江南"美誉。这里生产水稻、旱稻、玉米、鸡爪谷等。品种不同，制作方法也不同，因而有了不同的主食。珞巴族的各地饮食也不一样。洛渝北部地区，以热水

人们种植早稻鸡爪谷、玉米等

搅成的玉米面和鸡爪谷面团子为主食，也喜欢吃一种在石板上烤烙的荞麦饼。这种荞麦饼在趁热时抹上辣椒糊和奶酪，十分香甜可口。珞巴族常吃的蔬菜有白菜、油菜、南瓜、圆根（芜菁）和土豆等。

采集和狩猎又是珞巴族食物的重要来源。珞巴族狩猎一般都习惯于用野生植物配制毒药，涂在箭头上射杀野兽。狩猎活动大都是集体进行，猎获的野物一律平分。他们捕捉山鼠的方法多种多样，用石板压、设小地弩、下活套都很有效。有的家庭占有特定的捕鼠区，外人不得染指。捕到山鼠后把毛烧掉煮熟便可食用，如果一时吃不完便烤干、

火镰

晒干贮藏备用。珞巴地区的山鼠肥而大，肉质细嫩，往往是婚嫁待客的上乘佳品。珞巴族是一个非常好客的民族，招待客人端出的食品，客人必须吃完。主人还要当着客人的面，先喝一口酒，先吃一口饭，以示坦诚。珞巴人把挽留客人视为荣耀，如果待客不周，会遗憾终生。

珞巴族所有成年男子的腰间都挂着火镰，都是为了野炊或吸烟取火方便。但是，从一些饮食习俗中，仍然可以看见珞巴族生食的喜好。如一些部落在盟誓时，要饮用血酒。博嘎尔人每年收秋后杀牲庆祝，把余温未冷的牛血倒在酥油中饮用。他们

珞巴族喜食辣椒

认为，把野牛的骨髓吸出来生食味道最鲜美。一部分珞巴人还常把獐子肉剁成肉酱，拌上辣椒和姜末食用。

珞巴族喜欢吃烤肉、干肉、奶渣、荞麦饼，尤其喜欢食用粟米搅煮的饭坨，并喜欢以辣椒佐餐。烧烤是珞巴族最常见的一种加工食物的方式。不管是植物性食物，还是动物性食物，都可以烧烤。整条鱼投入火塘，埋上热灰，用不多时便焖熟，就可以吃了。在山上捕获到大的动物时，除烤着吃外，还可以切成肉条，烤熟后长期贮藏。

用石块烙制的食品也很常见。把荞麦、玉米和达谢（一种木本棕类乔木树杆加工后提取的淀粉）研磨后，用水调和成稀面团，摊在烧红的石片上，先烙熟一面，再翻烙另一面，如饼太厚，烙过再埋入火塘的灰烬中，使其熟透。珞巴族煮食食物的方法也很独特。崩如、苏龙部落的人把达谢调成浆，放在大葫芦里，再从火塘里把烧红的石头取出来，立刻投放到葫芦里，利用石头的热量把达谢煮熟。或者把粮食放进竹筒，加上水，堵上木塞，放在火堆上烧，食用时用刀把竹筒破开。这种方法多用于外出远行。

珞瑜盛产辣椒。珞巴人喜欢辣椒，凡用

餐必有辣椒佐餐。珞巴辣椒还是珞巴人与周边民族进行物资交换的主要产品。珞巴辣椒辣味强烈而清香，备受青睐，远近闻名。

　　珞巴族的人民也十分好客。凡过往行人进入村寨，不分民族、男女和亲疏，均热诚相待，如同亲人。如遇婚娶大礼，过往行人则可以得到贵宾般接待，被邀参加婚宴；如遇猎队归来，过往行人可以平等参加分配，得到与氏族成员同等的一份。珞巴族普遍喜欢喝酒，除饮用青稞酒外，还常饮用玉米酒。珞巴族善于酿酒，一般不喝茶，只爱喝酒。酒类极多，用稻米做的醪糟酒称作米酒，甘甜醇香；玉米或鸡

青稞

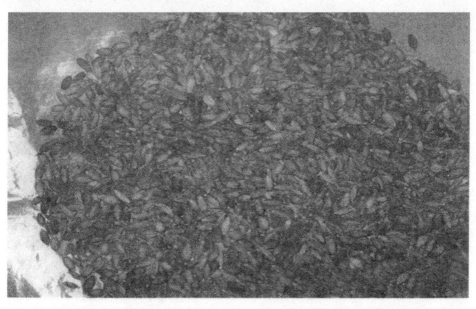

野味浓厚的珞巴饮食

爪谷做的水酒，清澈酸甜；用"达谐""达荞"和"达白"等做的酒，是珞瑜南部一些部落日常饮用的，清淡爽口，消渴解暑；还有竹花果、蜜蜡或其他水果做原料酿制的各种黄酒。珞巴人待客，以酒代茶。宾主边叙边饮，轮杯交盏，亲密非常。主人还常千般挽留客人共同进餐。招待客人的主食以石锅焖蒸的稻米干饭为主，有时还有用石板烙烤的面饼和用石锅做的鸡爪谷糕坨。菜食则以熏烤兽肉、木耳、蘑菇为主，以辣椒、野蒜为佐料。珞巴族习惯分餐制，饭、菜分别盛入竹碗或木碗之中，每人一份，用右手三个手指抓食。

鸡爪谷

珞巴族

火镰

　　珞巴族有一种招待客人的特殊食物——山鼠肉。每年的十月至次年的五月，是捕鼠的最好季节。人们捕捉到山鼠后，制成肉干，以备节庆和待客。当年关节庆或贵客莅临，主人将鼠肉用石锅炖烂，加进干辣椒、野蒜等，肉味鲜嫩，十分可口，是款待客人的主菜。传说，珞巴族祖先阿巴达尼善捕山鼠，喜食鼠肉，并摆鼠宴招待他的妻子、太阳的女儿冬尼海依，颇得冬尼海依的欢心。从那以后，珞巴族有了食鼠肉的习惯。

　　珞巴人喜欢吃鱼，也常用鱼来招待

客人。珞瑜水网密布，盛产鱼类。捕鱼的方法多种多样，有渔笼捕鱼，有渔网捕鱼，有垂钓，还有用箭射、棒打、截流逮捕等。做鱼的方法比较简单，一般是放进竹筒内，置于火塘中烧食，或是直接放入火塘中烧烤，或用黏泥包裹，埋入火灰中焖熟，也可以做成鱼干，主要用于交换。

珞巴族有许多关于渔猎和食鱼的神话，反映出他们渔猎和食鱼的悠久历史。在神话《阿巴达尼和阿巴金纳》中，祖先阿巴达尼和魔鬼阿巴金纳是死对头，都想害死对方。一天，他们同时来到河边打鱼，打的鱼放在各自的鱼篓里，到准备吃的时候，

珞巴族捕鱼的方法多种多样

珞巴族

就将鱼放在各自的竹筒里，放在同一个火灶上去烧。魔鬼阿巴金纳事先藏了一颗毒药在身上，趁阿巴达尼不在意的时候，把毒药放在了他的竹筒里。这事被聪明的阿巴达尼知道了，他从怀里掏出一个葫芦，从里面放出一群山鼠，又呼唤大风刮起一阵泥沙，还让蜂儿在阿巴金纳眼前飞舞，使阿巴金纳只顾躲山鼠、遮泥沙、摸屁股、揉眼睛，阿巴达尼则趁机将竹筒换了。毒鱼被阿巴金纳吃下去了，他一声大叫，倒在地上死了。这篇神话，不仅表现了珞巴族的善恶观念和正义精神，也佐证了他们的食鱼习俗。

珞巴族食鱼的历史悠久

野味浓厚的珞巴饮食

珞巴族民居

珞巴族的图腾制也曾对氏族婚姻和生育的优化选择，巩固和维系其氏族制度起过积极作用。为了分清血缘亲疏以保证婚姻规约的执行，在同一氏族成员中，对男性成员和女性成员的饮食有严格的图腾禁忌规定。如在布瑞部落中，本氏族猎获的野兽的心、肺和臀部的肉，只准其男性成员食用，禁止女性和其他氏族成员食用。男性饮食禁忌较少，女性禁忌较多，如崩尼和崩如部落的女性禁食熊、虎、狮、豹的肉；布瑞部落的女性禁食鸡肉、鸡蛋，禁食虎、狮、豹、蛇等动物的

肉和血，以及其它猎获物的胸腔、头、蹄、心、肺等。布瑞妇女月经期间禁食一切猎获物的肉，而男子则仅禁食黄豆、芋头等。茫茫林海，毒蛇出没，毒蛇的巨大威胁引起人们的神秘恐怖，因而对蛇的禁忌和祭祀纷繁复杂，在饮食习俗上也有所反映。有人被蛇咬伤，其所在氏族全体成员都要停止劳动一天，并禁止到藤科植物生长的地段，禁食类似藤科状的菜果和辛辣食物。在崩尼部落，只要本氏族成员被咬伤，全

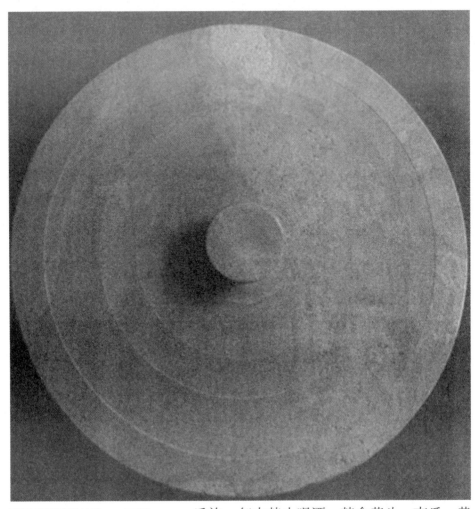

珞巴族奇特的灶具——石锅

氏族一年内禁止喝酒，禁食芋头、南瓜、黄瓜及薯类等藤本植物禁止酿酒和栽培藤本植物。被蛇咬伤的人和护理他的人(只限一名男子)，一年内不得与家人同一个锅灶，除白菜外，禁食其他一切菜蔬。

火灶是珞巴族的饮食圣地。有许多家庭祭祀是在火灶旁进行的。许多部落在每年的

屋檐下悬挂的玉米

一定季节还有专门祭祀灶神的仪式。灶神常年守护着神圣的火灶，给一家人带来富裕、幸福和吉祥。火灶是不可玷污的，任何时候都不准向火灶里吐痰、扔脏物及废弃之物。火灶上方和周围不准挂衣物，不准跨越，不得在灶旁大声喧哗、说脏话。

由于在珞巴族的社会结构中，部落由若干氏族组成，氏族由若干家族构成。一个家族又包括若干小家庭，共同住在一个长房里。长房内划分若干单间，每个单间里都有一个火塘。以火塘为标准，一个火塘是一个伙食单位，代表着一个小家庭。每个家族成员都在自己的小家庭中用餐，家族

野味浓厚的珞巴饮食

珞巴族男子

长也不例外，只能与自己的妻子及未成年子女共用一个火塘。由于家族成员共同劳动，不分男女长幼平均分配劳动收获，所以，各个小家庭的伙食质量实际上相差无几，真是"有福同享，有难同当"。既然如此，为什么还要按小家庭各建一个火塘呢？大概也是为了体现一种平均和平等的精神，也许还有机动灵活、节约时间和节约体力的意义。

我们不仅要了解珞巴族的饮食，更要了解它们的饮食习惯。珞巴族一日食三餐，炊事是女主人的事儿。实行分餐制，分发饭菜也由女主人掌管。吃饭的时候，一家人按规定的座次席地盘坐在火塘四周。先由女主人给每人倒水洗手，虽然珞巴人是用手抓食，但饭前洗手的自觉意识是为了驱除恶鬼和晦气，而良好的卫生习惯是在对鬼灵的虔诚信仰中不自觉地养成的；家人洗完手，女主人会取出少量饭菜和酒，撒到火塘里，以祭供灶灵；然后，在每人面前盛饭菜的陶钵、竹碗或卷起的芭蕉叶里，不分年龄长幼、饭量大小，平均地分配饭菜，酒则随意而饮。餐具都是各人保管，吃不完的可以留下来下顿自用或让给他人。

五 独具特色的节日及风俗

节日里的原生态歌
舞表演

（一）节日

祥年节：

除了散居在墨脱、米林一带的少部分珞
巴人与藏族一道过藏历年外，各地的珞巴人
都有自己的年节。珞巴年节是按照本族历法
推定的，过节时间虽然不一致，但都是在一
年劳动之后。

珞瑜西部的珞巴人在藏历年二月过"旭
独龙节"。过年这天，由"纽布"（巫师）
手执一根贴满五彩羽毛的棍子，在村寨里挥
舞念经，全村人围拢在一起欢歌起舞，祈祷
丰收。年节期间，各家各户都拿出酒肉，在
一起聚餐。老年人对歌追忆部落的古老历史，

珞巴族民居

青年人对歌表达爱慕深情。夜幕降临后，在熊熊篝火旁，欢歌笑语此起彼伏。

珞瑜东部的珞巴人在藏历十二月十五日过"洞更谷乳木"。人们把年前宰杀的猪、牛剁成一块块，分送给家族或母系的亲友。牛肉吃完了，头盖骨却不扔掉，要高高地悬挂在自己家中墙上，作为勤劳和富有的象征，世代相传。

"调更谷乳木"：

在年节前夕，家家都要舂米酿酒、杀猪宰羊，富裕人家还要宰牛。希蒙的珞巴族称年节为"调更谷乳木"节，届时要把宰杀的猪、牛、羊肉连皮切成块，分送给

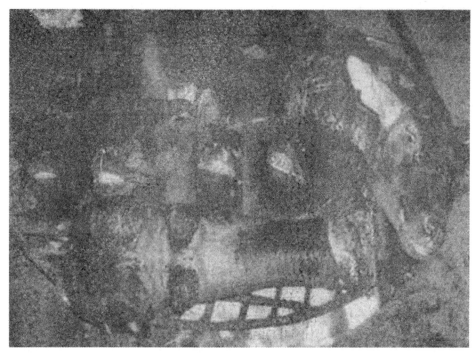

珞巴族烧烤

同族的人。不少地方还保留有"氏族集合"的古老习惯。过节时，村落的住户要自带酒肉欢聚，全村男女老少席地围坐，或饮酒，或吃肉，歌声笑语不断，进行各种娱乐活动。

昂德林节：

每年庄稼收获后，珞巴族都要举行近两天的丰收节，叫昂德林节。在每年收割时节择日举行。节日期间全村男女身穿盛装，从各家端出准备好的美酒，共享节日食品。临近节日，男人上山打猎，女人收取少许谷物，做熟后请村中老人尝鲜，剩下的喂狗。节日期间，全村男女共同欢宴，晚上喝酒对歌直

屋内收拾得干净整洁

至天亮，歌词主要是关于农业的起源和男女的贡献。珞巴族认为是男子开辟地，才使妇女们有了可以耕种的田地；女子则发现了种子，学会了种田收获了粮食，酿出美酒，保证了民族的繁衍。这一节日带有一定的宗教色彩，既庆丰收祈祥福，又祭祖先祀鬼神。珞巴族很重视收割期，一旦开镰收割，男子一早下地，一日三餐都不能同妇女在一个火塘吃。艰苦的收割期一完，自然要无所顾忌地尽情玩乐。

生殖崇拜求丰收：

在自称为"阿帕塔尼"的珞巴族民间

独具特色的节日及风俗

生活在喜马拉雅山脚下的珞巴族人
对自然充满了敬畏和崇拜

远古先民生殖崇拜的雕
件

平静壮阔的雅鲁藏布江

流传着一个珞巴语叫做"莫朗"的节日，节期在农历腊月或正月由巫师择定，流行地区是西藏珞瑜地区的西巴霞曲地区。届时，全村男青少年排列为一行，身着盛装，在巫师带领下到邻近各村巡游。在路过田野时，巫师撒大米粒，青少年挥舞长刀，敲打铜盘，队尾的一个老人沿途撒大米粉。在经过即将播种的土地时，举着竹制男性生殖器的青年就到地里跳生殖舞。每到一个村子的广场上就唱歌舞蹈，该村群众备酒热情款待。巡游队伍要走遍所有部落。这一节日意在预祝丰收。因为人们以为庄稼的繁殖和人的生育是一个道理，所以在地里跳生殖舞。在一些珞巴族地区，仍能看到自家房屋旁竖立有许多个用木桩做成的男性生殖器，为的是祈求人丁兴旺。我国许多民族都曾有过生殖崇拜，现在在一些南方民族节日中仍能看到这种遗存，我们只要了解生育的重要性，就可以理解生殖崇拜的起因。

"旭独龙"，这是许多地区的珞巴族纪念和标志节令的一个节日。它的主要内容是祈祷丰收。月亮圆缺变化十二次代表一年，一般珞巴族在过完旭独龙节以后，农时便到了。

在一些部落中，还有"尝新"的习俗：每年的收获季节，开镰前，要先在田地中央取回一些粮食，做熟后，先祭奉鬼灵，再献

热闹的旭独龙节

珞巴族

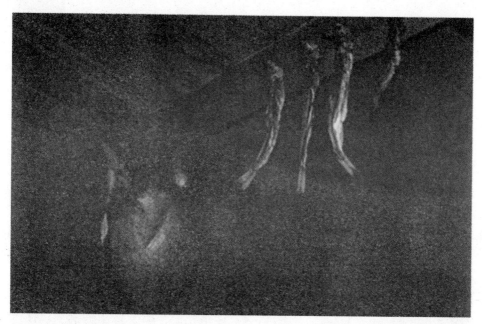

珞巴族人房里悬挂的鱼和膀胱

珞巴民居中的生活用具

独具特色的节日及风俗

转神山

给猪吃。让猪先尝，源于猪图腾崇拜。在这些部落中，流传着猪救母子再传子孙的神话。故事说，在渺远的古代，祖先阿巴达尼和他的妻子冬尼海依及儿子遭到恶鬼格波伦布的陷害，幸遇一头母猪拯救了他们，才使他们得以子孙繁衍，有了今天的珞巴族。

藏历猴年转神山：

在西藏许多地方都有转山的习俗。而在珞瑜地区，每逢藏历猴年（12 年）组织一次转神山活动。

大约在 11—12 世纪时，在珞瑜北部边缘已流传着藏族朝拜杂口仲山的活动。17 世纪时格鲁派握有西藏政教大权以后，开始了每逢藏历猴年组织一次转神山的宗教活动。

杂日神山，东起朗县马其顿的塔克辛，西至隆子县的加玉溪卡，单程要走9—10日。为什么要转山呢？传说山顶上有一个"西穷"神和一个"碓"鬼。据说，逢猴年如果不朝拜一次"碓"鬼，"碓鬼"就要把世界拉回到原始人的时代去。

转山时间从藏历四月至六月。杂日神山地处珞瑜北缘，山高路险，荆棒满地，坎坷难行。在转山期间，过去，西藏地方政府曾派出一僧一俗两名四品官组织珞巴族人民砍伐通道和转山活动。同时驮运去大批物资，送给参加修路的珞巴族群众。珞、藏等各族人民也带来各种土特产品，参加物资交流会。

发放给珞巴族群众的物资中，有羊、牛等牲畜，有青稞、糌粑、玉米、酥油、奶渣等食物，有布匹、氆氇、羊毛和色线等。物资发放站又是土特产品的交换场地。前来各个发放点领取实物的珞巴族群众，多属干练有阅历的长者。领取的物品，如果比往年更多更好，那转山活动便可顺利进行。如果比往年差，就会发生纠纷闹事。领取物资的珞巴族，来者有份，不能来的，则派氏族代表领回去分。

珞巴族聚居地南伊沟

雪山景观

1951 年和平解放西藏后，曾于 1956 年（猴年）举行过转山活动。由黑河、山南、工布、拉萨等地来的香客超过一万人。

传统的转山仪式，是用三根木料之一道门，门的立柱两边架着两把梯子，请珞巴群众剽杀一头大牦牛。珞巴人按顺序穿门而过，每人用羊毛蘸一点牛血，割一块牛肉而去，开始踏上转神山的行程。

（二）民族习俗：珞巴人待客有一套特殊的方式。屋内有专门为客人准备的座席，由女主人专门接待。客人在室内就坐，女主人立即捧上用葫芦瓢盛的米酒，站在客人面前，先自饮一口，以示无毒，然后微笑着殷勤劝进。此时，客人须连饮三瓢，

木质建筑的珞巴族民居

独具特色的节日及风俗

主人方才满意。主人如见客人醉倒，则视为知己，尤其高兴。这就是传为佳话的"珞巴进门三瓢酒"。在希蒙部落中，待客饮酒的习俗别有情趣。客人到来，主人会请他到氏族公房"德仁"中。宾主围坐一圈，中间放一个大葫芦。女主人先从大葫芦中舀出满满一大瓢酒，自饮一口，再倒回葫芦中；然后从中舀出满满一大瓢，先从客人敬起，一人一瓢，如此反复轮回，至少三巡以上。如果有人在某一轮中没有喝完，可以回敬女主人，或倒入自己随身携带的酒葫芦中，但绝不能泼洒在地上。

雪山下青稞遍野

珞巴族

发誓与断案：

珞巴人有发誓的习俗，人们通常以这种方式来表明自己的诚实与忠诚。其中包括有手誓和口誓两种。口誓的种类非常繁多：凭太阳起誓（"朵尼嘎朗嘎"），凭月亮起誓（"波洛嘎朗嘎"），凭珞巴人的两位祖先起誓（"劳布尼布"）。此外，珞巴人还凭天、凭地、凭石头、凭祖先留下的遗物、凭野兽头骨等的起誓。

珞巴人手誓的花样较多，例如他们如果坐在火塘边，就将手伸进烈火之中，或者摸着滚烫的灶石起誓；有的用舌头

家中的火塘

独具特色的节日及风俗

舐火或灶石起誓；如果两个人结盟，就找一块石头竖在地上，当场杀一头猪或一只鸡，将发烫的鲜血洒在石头上起誓；为调解部落之间或家族之间的纠纷，各自拿出一支箭，并在箭杆上咬上齿纹，由调解人打上印记，交换后由对方保存，日后谁叛誓，对方就可以用箭把叛誓者射死。

祖先居住过的地方是珞巴人发誓的场所。珞巴地区有一种叫"娘波"的刺树和一种叫"绕波"的草。传说"娘波"树和"绕波"草跟珞巴人的祖先一样，都是大地的儿女。因此，珞巴人发生纠纷，便请"娘波"树和"绕波"

巍峨的林芝雪山

珞巴族

草来评理。具体做法是：先烧一些"娘波"树枝，然后将斧头烧红，争执双方分别戴一个"绕波"草圈，各自用手去抓烧红的斧头。谁的手被烫伤了，谁就败诉；反之，谁的手没有被烫伤，谁就胜诉。此外，还有一种评理的办法，就是将一块白石子和一块黑石子同时放进装满清水的竹筒里，然后在竹筒下燃烧"娘波"树枝，等到竹筒内的水滚开时，争执双方分别用芭蕉叶包住自己的手，伸进水筒里抓石子，抓到白石子的胜诉，抓到黑石子的自然就败诉。

窗棂

父子连名制：

珞巴族没有姓氏。珞巴男子的名字，由父名和自己的名字两部分组成，通常是两个音节：一个是自己的名，一个是父名；父名在前，己名在后。例如，某人的名字叫腰布，他父亲名字就叫兴腰，他祖父的名字叫玛兴。玛兴—兴腰—腰布，如此世代相连，构成一个谱。珞巴族女子亦同样与父亲连名，但是，由于珞巴族实行族外婚制，女子要出嫁外氏族，其所生子女也只按父系连名，所以她们的名字是不连子女名下传的。父子连名制表明一个氏族是从一个男性祖先繁衍下来的。他们各代人的名字，也就一代一代连下去。名字排列起来，就成为一个以男系计算的氏族谱系。人们根据自己的名字可断定彼此间的血缘关系，根据氏族谱系知识，成年人能说出自己及关系较近的亲族几代世系的情况。

珞巴人通常都要在名字前冠以氏族的名称，如腰布的全称叫：东乌·腰布。在日常生活中，习惯略去父名，只用本人名字，男子在本人名字前加"达"音，如称作"达某"；女子在本人名字前加"亚"音，称作"亚某"。

随着社会的发展及与外界的交往，珞巴族传统的命名制也在逐渐发生

珞巴族民居建筑

变化，如有的地方的珞巴人中间已经出现了按藏族习俗取名的现象。

决斗遗风：

在珞巴人居住的村中，你偶尔会在某个地方看到一根约四五米高的竹竿，竿的顶端系一个木制的象征太阳和月亮的小模型，模型上面画一些符号。也许看到这些你不禁会有些困惑，这是什么意思呢？很简单，这是一种要求对手前来决斗的标志。

决斗是珞巴人的风俗之一。人与人之间一旦遇到了被认为是说不清、解决不了的问题时，就立竿，那意思一是表明自己清白无辜，敢对天发誓；二是用决

西藏墨脱珞巴族民居建筑

独具特色的节日及风俗

酥油茶

斗的胜负来判决是非。自己是无辜的，如果在决斗中被打败，那也只好听天由命。

例如，一位村民认为另一位村民有意诬陷他，认为是恶意中伤，损坏他的名誉，不能容忍。那么他就立下标竿，表示向对方发出"战书"。如果对方不敢应战，那就表明他心虚，这个人就可以表明自己的清白。

当然，现在这种现象已不多见，万一发生矛盾和纠纷，村中的干部、长者和近邻好友们要出面调解，弄清事实。批评有错的一方，安慰受害者，从而避免了决斗的发生。

婚俗：

人类的婚姻就如同人类社会自身一样，经历了一个由低级向高级的发展过程。人类最初的婚姻形态早已消失在久远的历史长河之中。通过对珞巴族原始社会形态与婚姻习俗的探索，我们发现，珞巴族的婚姻习俗体现着珞巴族的发展与演变过程。而下面我们就其中一小部分来简单了解珞巴族婚俗：

娃娃婚俗：珞巴族的男女婚姻多由父母包办，订婚一般是在孩子七八岁时就进行。一般是男方向女方求婚，可以由男方的父母直接去，也可以委托介绍人去求婚。双方谈妥后即可订婚，订婚时男方要给女方送去猪、米、酥油、酒等礼物。订婚后，男方开始向女方陆续送去婚价，大概到十五六岁时交足婚价就可以迎娶。过去珞巴族盛行买卖婚姻。在珞巴族语中，没有"娶妻"这一词汇，只有买老婆的说法。一个男子"买"一个同等级内的女子为妻，要用七八头至十多头奶牛，外加奴隶和铜锅、粮食、酥油等。由于普遍盛行买卖婚姻，所以妇女的地位十分低下，在家族中连财产的继承权都没有。

婚姻仪式：结婚的仪式是否隆重，要视男方经济情况而定，娶亲的日子，由男方杀鸡占卜选定。当天，全村老小和双方

珞巴族舞蹈

独具特色的节日及风俗

珞巴族人多居住竹楼
或木楼

亲属前来男家贺喜，每个人都携带一定礼物（酒或肉）。婚礼由男方的父母或长辈主持。由女方父母与介绍人一起把姑娘送到新郎家。新郎家准备酒、肉招待。新娘到后与新郎一起握刀杀一只鸡，看鸡肝纹路所示吉凶如何，如不吉利则由新娘新郎各自再杀一只，待杀到鸡肝出现吉象纹路为止。接着，新娘新郎举行喝酒仪式，每人面前放一碗酒，碗边抹上酥油，自己先喝一口，再喝交杯酒。新娘新郎喝完交杯酒，还要共同招待介绍人和所有客人。然后双方客人以及来贺喜的亲戚朋友一起不断地饮酒、唱歌和跳舞，一般都通宵达旦。

生殖风俗：

地处高山峡谷、交通闭塞的珞巴族独特的地理环境给珞巴族创造和保留了许多富有魅力的古老民情风俗：男性生殖崇拜习俗浸透在珞巴人生活的许多方面。珞巴人对生殖的崇拜，这一特殊的文化现象，表现得是那样热烈而严肃。这些民俗遗风是珞巴先民们古代生活的再现。

珞巴人多数住的是竹楼或术楼。楼口有一竹架，一个独木阶梯竖于竹架旁、用以上下。木梯的右边斜栽一个一米多长的木制男

性生殖器。一年换新一次。据说，这样一

珞巴族人家门前的生殖器木雕

可避邪，二可人丁兴旺。

　　珞巴族有一个人人皆知的《祭灶神》
传说。在很早以前，对瘫痪的老夫妻，老
妇花甲之年才生了一个儿子。幼儿九个月
了还不能起立，不会说话。老两口去找"木
马"卜卦，说"你儿子中了邪。"老妇问："那
怎么办呢木马说："掾嫩个木头男性生殖
器插在门口，儿子就可长高。还要祭献九
背肉、九葫芦血 "老两口在回家的路上，
碰到一只有五种颜色的公鸡，肉越割越多，
血越流越多，老人将肉、血涂、挂在木制

雅鲁藏布江

男性生殖器上说来也巧，老人的儿子天天见长，会走路，会唱歌，还会下地干活了。第二年第三年，老妇又连生两个胖儿子，长到九岁能进山狩猎了。从此，珞巴人家家户户都在门口栽插它．沿袭至今，以祈人丁兴旺。

做木制男性生殖器只能用质地松软的、燃烧时发出劈里啪啦响的桤树，这种树生长快，五年能长成人腰粗。用这种吉祥树，有多生、快生后代的含义 每年的九月二十九日这一天，请氏族里有威望的"居巴"制作首先将直径二撮合拢的桤木剥皮，刮得光光的，不留一点节疤。将木棍的粗头用腰刀削成男性生殖器，放在藤簸箕里，将稻谷、鸡爪谷、玉米、芝麻等九种粮食，一把把地反复撒在上面，边撒边说："祈你保佑家人平安，人口兴旺。"然后将九种混合粮用黑布包住，用红黄蓝黑白五色线扎住布，拎在其上，周围直插三根竹签，上放一个生鸡蛋，连射九箭，然后将斜栽于木梯左边，三根竹签朝外 制作者进屋，用一把刺条在 主室、灶台、偏房内打扫完后放在门口，上压三块石头，对天连说三声："'请娘布'（专害妇女的恶鬼、难产的作祟者）莫入！"在珞巴族的刀耕火种、插秧和收

珞巴族民居

独具特色的节日及风俗

珞巴族居民一角

获季节里都要栽插术制男性生殖器，整鸡挂其上，鸡血涂于它的全身。珞巴老人讲：人的生存依赖于粮食，生产发展了，人口自然会增加的。祭祀地灵也就是间接祈求发展人口原始社会人口生产的特点是高出生率、高死亡率、极低的纯增长率。原始人类是能以增加出生率来求得和扩大人类自身的再生产这种迫切的需要。导致原始人类产生了炽热的生殖崇拜以及生殖崇拜文化。这种崇拜是人类社会最原始、最普通的崇拜极度崇拜男性生殖器这种古老遗俗说明了路巴人迫切需要增加人口，以适应生产的需要。同时，还说明在珞巴族父系氏族社会里，男子在生产领域中起着主导作用，这样更显示男性高贵。整个社会都以男性为中心。

珞巴族

六 神秘虔诚的宗教禁忌

挂羊头以避邪

猪剪纸

珞巴族的宗教信仰以崇拜鬼神为主，相信万物有灵，认为人世间一切自然物都是由一种超自然的鬼怪精灵主宰，人的生老病死和灾祸发生都是由鬼怪作祟。他们要祈求鬼神的庇佑，常常要杀牲祭鬼或请巫师念经，施展巫术对鬼怪加以约束。

盖房须择地。其方式为在选中的地基上用三根小棍支起一个穿了孔的鸡蛋，用油松枝烧。若鸡蛋烧裂，流出的是蛋白，意味在此处建好房后会死人，必须另择地基。

家有病人，忌外人进入，以为会把"鬼"带入病室，使病人不堪。其忌门标志为树枝、

珞巴族人祈求神灵的保佑

稻草或青芋、旗杆等物。不幸被蛇咬伤者，不得回家，由妻子或家人送饭，以防毒传染；帮助包扎伤口者，一定时间内亦不得与外人接触。

珞巴人非常重视丧衣。吊丧者不管近亲或远亲，不能穿戴带毛的衣服，以免死者再生变为牲畜。丧服多为白色，以示死者清白。

猪被看作牲畜的首领，是频繁祭祀的主要牲畜，因之受到宠爱，猪槽里严禁大小便。把动物神化并加以崇拜，是原始宗教的一种普遍现象。人们对毒蛇猛兽的祭

反映珞巴族生活的涂鸦

祀与禁忌就更加频繁。有些部落图腾是蛇和虎，严禁伤害。

农业生产上禁忌更多。从刀耕火种开始到秋收要集体进行五次祭祀，个体进行三次祭仪，祭祀之日禁止劳动，违者遭首领鞭打。珞巴族是个不上锁的民族，以偷盗和说假话为世上最丑之事，最可恨之事，若出现这类事情，一是教育，二是偿还；三是驱赶；对惯犯则以杀之为戒。

猎狗为珞巴族狩猎立下了汗马功劳，珞巴人视狗如子。珞巴人家家都养十多条猎狗，不咬人，不狂叫，对人十分亲善，对兽十分凶猛。客人不得打狗、骂狗，否则，有被驱逐之险。

珞巴村村有神石，不得手摸、搬动、坐其上边；村村有神树，不得砍伐。每年集体绕神石、神树转三圈，并且和杀鸡、摆放饭菜、酒祭祀。多数部落的人崇拜突兀的巨石和怪树，认为它是石神、树神栖息之地，每逢过年、春播和秋收都要进行

雅鲁藏布江峡谷

神秘虔诚的宗教禁忌

神石

三次祭祀活动，每次以猎鸡供奉。

　　人分娩、牛猪狗生崽、人患病、狩猎进出门前均插忌讳树，三天内禁止生人入内；外村亲朋前来，要在门口征得主人同意后，连说三声"鬼怪不要入内"，再由主人陪同客人进屋。没有征得主人同意而入内者，被视为带来了鬼怪和对主人不尊重，会被驱赶甚至引起冲突。

七 风情独特的火塘建筑

居民小巷
干栏式民居

　　珞巴族的住宅建筑，可以说是独具匠心并且风格独特的。它与珞巴族的氏族制度、家庭结构和宗教信仰密切相关，是珞巴族家庭形态和宗教观念的一个重要表现。当你亲自来到珞巴族家里做客时，就会亲身体会到浓烈的民族风情。

珞巴族的住宅一般建在河溪两岸的半山坡上，既可以减轻潮湿和积水，又可避免山洪暴发的威胁。珞巴族住的宅门方向一般面向山坡，房屋不留窗户，据说是怕"恶鬼"进入，但留有若干小洞，作为射箭孔和传递信息之用。

珞巴族传统的住宅建筑结构形式有两类：一类是适应整个家庭居住的或作为公房的"一"字形长屋；一类是供个体小家庭居住的独立的小栋房。

（一）家长制家庭建筑布局

20世纪60年代以前的珞巴族社会，还是以父系家长制家庭为基本单位的氏族部落社会。家庭中以男性家长为中心，大小事务都由家长决定，男性家长在家庭和家族中拥有绝对的权威。供家族和家长制家庭居住的长屋，各部落方言有不同称呼。长屋呈"一"字形排列，有数间或数十间不等，

一字形长屋

风情独特的火塘建筑

长的可达几十米。一般长屋内住着同一家庭的若干小家庭，每一小家庭占一居室，自立火塘。有的部落一个家族住在一幢长屋里。

崩尼部落家长制家庭长屋叫"南塔"，是一种竹木结构的干栏式楼居建筑，分三层。第一层称为"那贡"，作堆放柴火和圈养猪、牛之用；第二层住人，叫"郭基"；第三层即顶棚，供存放工具杂物。"南塔"的修建是先在地面竖立数十根圆木立柱作底架，在1.5-2米高处架放若干根横梁和摆放木条，用藤绳捆牢，上铺竹片和竹席等，搭建成一个长方形平台，这便是供人居住的楼层。顶棚的搭建也是架横梁和用竹木铺设地板。屋顶

珞巴族民居十分宽敞

珞巴族

呈"人"字形，上盖"达热"藤叶、芭蕉叶或稻草等物，用竹篾或藤绳捆扎。一、三层无墙体，一层用竹木捆扎成棚栏，以便圈关猪、牛。二层的墙体是用在两层竹篾中间夹芭蕉叶编成的大竹席，在房体四周围一圈（留出门的位置），用藤条捆扎于木柱上。二层的入门处另用圆木或粗竹搭建阳台，通过阳台才能进入室内。

长屋内根据家庭人口的多少分隔成若干间，供家庭成员居住。每间房均是一个独立的生活单位。墙壁用竹片或木板相隔，只隔五分之四，各间房子之间可以相通。每间房均设有火塘。火塘在屋子的中央，

珞巴族民居多为木制或竹制

风情独特的火塘建筑

珞巴族居民建筑独具匠心、风格独特

其搭建是在屋中央留一个四方孔，孔内用藤条吊一只木板制作的箱盒，箱内糊泥，其上架放三块灶石即成。在每间房前的墙上开有一小门，墙外捆扎横木条作鸡舍。房间的后墙也开一小门，墙外搭建一个小仓库，称作"埃令"，盛放各自的粮食和衣物等。粮仓则集体盖在远离住房的村边，以免发生火灾时烧毁。

整栋长屋与外界的通道是阳台旁边的独木梯。人们经独木梯上下。长屋居室的分配是这样的：人们经阳台进入房子的走廊，紧靠阳台的第一间房由男性家长居住，第二间是

客房，其余由每个妻子及其所生子女各占一间，按结婚先后排列。妻子多，房间也多。各个妻子及其所生子女构成一个生活单位。最后一间是家奴的集体居室，如有男女家奴，则另增一间，以便按性别居住。

每个房间以火塘为中心分四个不同的位置：进门方向的右边称"巴布"，是男主人坐卧的位置；"巴布"的右下方正对门的一侧叫"弱登"，平常为女主人坐卧的位置，客人来时也在此入座；进门方向的左边称"物素"，是一般家庭成员坐卧的位置；靠近门面背靠门处称"过达"，一

建筑一层一般做牲畜棚

般是家奴的座位。博嘎尔部落座位名称与此不同，但性质大致相同。

珞巴族的另一类长屋是供未婚青少年集体夜宿的公房，不同的部落有不同的称谓，如达额木人称"邦哥"，民荣人称"德雷"，巴达姆人叫"莫休普"。莫休普是巴达姆男性青少年集体夜宿的公房。它建在村寨的中心，可以观察和守卫通往村内的各条道路。莫休普也是干栏式建筑，由村人集体修建。巴达姆等部落在一个大的村寨内，按氏族或家族划分居住区，同一居住区的单身小伙子住进莫休普，共用一个火塘。在一栋莫休普长屋

—家人围着火塘其乐融融 -

珞巴族

内，设有很多火塘，火塘数与村内住区数相同。火塘之间一般无隔墙，偶有隔墙，其隔板也砍得十分粗糙。每个火塘都有一个出入口，另有一个平台或一个棚架，用以安放东西。今天人们居住的房屋均为一夫一妻家庭居住的栋房。这是珞巴族居住习俗发生的最为深刻的变化。

由于珞巴族长期生活在喜马拉雅东南部深山峡谷中，受自然条件和社会生产力发展水平的制约，珞巴族群众生活水平很低。建造一幢房屋对于一户普通人家来说并非易事，需要长期准备甚至倾其毕生努力才

珞巴族房屋上的窗子

能筹备到建房所需的财物，因而珞巴族以往的房屋建筑大都低矮简陋。

男子从十岁起就开始居住在莫休普。他们白天在自己的家庭中吃饭、劳作，每天吃完晚饭后，村内各居住区的青少年就陆续来到莫休普，睡在自己的火塘边，由年龄小的负责生火，用的柴火是由使用同一火塘的全体成员集体采伐的。每个火塘都由一个年纪稍大、有威信的男子负责，以维护火塘区内的秩序，他有权惩罚那些违纪的人。各个火塘还自行安排狩猎，由经验丰富的老猎手进行指导，以培训缺乏狩猎技艺和经验的年轻人。他们在莫休普要居住到自己娶了妻子并有自己独立的新居时为止。

　莫休普不仅是未婚青少年男子夜宿的场所，村内无妻子的男子、老弱男性成员和外来的男子均可住在莫休普。离青少年使用的火塘不远处设有另一附属的火塘，称作"若梭木"，这是专供老弱和其他男性成员居住的。

　莫休普长屋还作为举行各类型的村落议事会的场所。凡遇重大事件，全体氏族成员集中于莫休普，共同议决。一些大型的集体祭祀仪式和节庆活动也在这里举行。平

山脚下的珞巴族人家

风情独特的火塘建筑

干栏式房屋

时女性不得进入莫休普，只在某些节日里才允许姑娘入内跳舞。

未婚女子居住的公房，邦波部落称"姆妹朗金"，巴达姆人称之为"雅胜"。女性公房有长屋和方形栋房两种。巴达姆的"雅胜"为一座方形的房屋，由村内有丰富经验的男性老人帮助修建。公房的中央砌火塘，人们环绕火塘坐卧。白天，"雅胜"空着，晚饭后，村内的青少年女子才到属于自己氏族的"雅胜"中。每个"雅胜"都由一个年纪稍大、有经验的女子进行监督管理，不守纪律、不听规劝的人会受到

每个房屋各有用处，不可混淆

风情独特的火塘建筑

她的处罚。"雅胜"还是姑娘同异性青年谈情说爱的场所。"雅胜"中的女子是十分自由而友好的，姑娘可以在雅胜中自由接待她相中的小伙子，其他人不会干涉和责备。

"莫休普"和"雅胜"，无异于珞巴族青少年男女的培训中心和人生的预备学校。他们在这里不仅可以学到本民族的传统文化和日后承担生活重任的本领，还培养了严密的组织纪律性和团结互助的集体主义精神，这对维系氏族和部落的生存与发展无疑具有重要的作用。

（二）小家庭建筑

在珞巴族社会中，虽然存在为数不少的

干净整洁的珞巴族村庄

珞巴族

长屋与外界的通道是阳台旁边的木梯

多妻家庭，但就其家庭形态的总体情况看，仍是以一夫一妻的个体家庭为主。因此，存在长屋的同时，各部落都建有一夫一妻个体家庭居住的小栋房，有些部落甚至以小栋房为主。珞巴族的个体家庭住宅分两类，一类是干栏式小栋房，一类是地居式竹木屋。

小栋房呈方形或长方形，崩尼部落称"南纵"或"南纵布朵"，博嘎尔部落称"乌古"。这类房在用材和修建上与"南塔"

相似，在居室分配和结构上则不尽相同。以博嘎尔部落的"乌古"为例，修建时，先在底部竖圆木立柱，二层地板处和顶棚处架设横梁，横梁上铺设木条，房顶搭建成人字形，多用木板、芭蕉叶苫盖。墙壁、地板用篾席铺搭。房屋底层堆放柴火，作猪狗圈，二层住人，顶层堆放辣椒等杂物。门一般面向山坡开，门外有一阳台，在阳台靠门的两端设有男女厕所。人口多的人家把居室隔作两三间不等，每间均设火塘，由婚后的子女或奴隶分住。一般人家在靠近房子的入口处另建一耳房圈放牛羊，在房子的附近建仓库堆放粮食。

地居式竹木屋

珞巴族

干栏式小栋房

地居式住宅以苏龙人"纠杂"的修建最为典型。"纠杂"比前述的"纠塔"的修建前进了一大步。其建筑过程是，先在两面山墙外各竖三根立柱，中间较高那根做主梁，屋顶两边低的立柱架檐梁。主梁和檐梁之间搭加若干根木棍，上铺芭蕉叶和茅草等，用藤条拴牢，呈"人"字形。

四周用竹片或粗竹席搭棚，再捆上藤条，构成墙体。室内铺竹席或木块。屋中心设火塘，火塘上方吊一个木架，供烤柴和烤肉之用。它比"纠塔"坚固和宽大，是苏龙人在达谢、达荞、竹林或猎场比较集中的地方修建的住所，他们住数月或半年左右，又迁到另外的地方。当他们下次返回时，有些修建得坚固结实的"纠杂"仍能使用。

（三）居室陈设及日用

珞巴族传统的居室陈设及日用物品极为简单，如今则大为丰富。在日用器皿方面，过去炊具多是陶锅或铜锅，现在陶锅早已淘汰，铜锅虽有保留，但功能已经改变，较少作为炊具而主要用作饰品。现在炊具主要是各种型号的铝锅、铁锅和高压锅，有的已经

火塘是珞巴族人生活中不可缺少的一部分

使用电饭锅等现代炊具。塑料、玻璃、不锈钢等制品已成为家庭的必备之物。过去人们缺乏卧具，夜晚全家人围绕火塘和衣席地而眠。如今人们早已习惯用床和被褥。以往居室内做饭取暖均为三角灶石垒搭的火塘，现在家家户户都是铁制或垒搭的有烟道的火灶，一些人家已经使用液化气灶具。

珞巴族居室内部陈设也很简单。屋子的中心是火塘，火塘上方吊有一个分三层的木架。距离火塘最高的那一层一般用木板搭成，悬吊在顶棚上，主要用于熏干稻谷。距离火塘最近的那层用来熏烤鱼干和肉类，中层放烤制好的肉类或其他食物。火塘灶石上架陶锅或铜锅，旁边放置竹编

木制的房屋和石锅

风情独特的火塘建筑

101

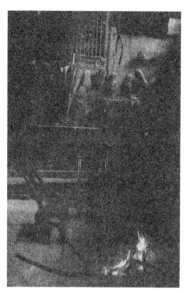

房屋内的火塘可供取暖

饭盒、木勺、饮具等物。火塘四周是人们睡卧、吃饭的地方，一般地板上铺垫竹席、藤编物或兽皮，晚上靠近火塘睡卧取暖。绝大多数部落都是席地而卧。珞瑜北部靠近藏区的部分博嘎尔人已有用竹子做的矮床，床上以兽皮作垫，以氆氇呢长衣或棉毯作铺盖。居室靠墙处和屋角一般放置生产工具、竹篓竹筐、酒葫芦等物。

与珞巴族简单的陈设相比，珞巴族房屋的装饰则是十分醒目和别具特色的，这就是随处可见的兽角兽骨装饰。无论是珞巴族长屋还是小栋房，在房屋的门前、檐下，可以看到一排排野兽的头骨。人们将猎获到的虎、豹、野牛、熊、野猪等猛兽的头骨、下巴骨挂在门前檐下长廊中醒目的位置上，有的人家在门楣上方还要吊挂猴头骨。这些野兽的头骨是整栋房屋不可或缺的装饰品，每户珞巴人家都挂这样的装饰物。有的也把家养的大额牛头骨和猪的下巴骨挂在墙上。在珞巴族社会，悬挂兽角兽骨显示的是主人的勇敢、力量和高超的狩猎技艺，也是富有的标志，表现了珞巴人对力量和勇敢的崇尚与夸耀。对于处于氏族社会的珞巴族来说，力量和勇敢无疑是生命的保障和财富的源泉。

八屋脊民族的传统文化

每个民族都有其独特的文化艺术，珞巴族的民间神话、传说、故事、谚语和谜语等口头文学也是十分丰富的。神话传说是珞巴族最古老的文学形式，它反映了珞巴族从开天辟地以来的历史变迁以及征服大自然的英勇气概。珞巴族还有篇幅庞大、别具一格的史诗，具有代表性的是博嘎尔部落的《创世纪》。谚语和谜语则是珞巴族人民生产生活经验和智慧的结晶。

神话是珞巴族文学的主体。其中，有关于开天辟地的神话《九个太阳》，解释自然的神话《三头神牛》，人类诞生的神话《人和猴子为什么不一样》等。其中影响最大、

静静流淌的雅鲁藏布江

珞巴族

流传最广的是长篇神话《阿博达尼》，它是由若干神话故事连贯组成，珞巴族父系祖先阿博达尼及其活动贯穿着这部神话的始终，全面地反映了珞巴族的各种原始观念以及与大自然作斗争的艰苦历程。

珞巴族的动物故事，语言凝练，短小精悍，如《蝙蝠》《啄木鸟》《乌都鸟》等，都是脍炙人口之作。在这些故事中，形象地反映了人与人之间的社会关系和思想感情，并明显地保留着古代氏族图腾崇拜的痕迹。

珞巴族民居

珞巴族的传说，按其内容可分为三类：一是关于民族来源、迁徙和分布的传说，有《阿博达尼和阿博达洛》《阿博达尼和四个儿子》等；第二是关于民族交往的传说，有《宾鸟追马》《种子的来历》等；第三是关于发明创造的传说，有《斯金金巴巴奈达美和金尼麦包》等。

珞巴族的歌谣，绝大部分是即兴创作。大都是在劳动、休息、酒会、婚娶、丧葬、祭祀时，触景生情，从而创作出来的。珞巴族的歌谣，按歌体分，可分为"夹依"和"百力"两种。"夹依"多用于赞颂和祈福。"百力"多用于喜庆场合和酒会上唱和。

史诗《斯金金巴巴奈达美》，从天地的起源、日月星辰、自然万物和人类的诞生讲起，直讲到珞巴族的来源和发展，保存了珞巴族最古老的神话和传说。

珞巴族是个能歌善舞的民族，音乐有声乐和器乐。声乐是将诗歌和一定的曲调组合而成的一种歌唱形式，最有代表性的是加金这种民间最古老的曲调，流行于各部落，它是叙述民族来源和迁徙历史为主要内容。另外，还有《哭嫁歌》《哭丧歌》以及大量的情歌，这是人们在传统的曲调中触景生情，即兴随编随唱，出口成歌。一般调子都很简

美丽的雅鲁藏布江

珞巴族

单低缓，缓慢庄重，每句一般四个节拍。内容极其广泛。舞蹈动作粗犷、刚健有力，气氛热烈。民间乐器有竹口弦、笛子、箫和二胡等。工艺品主要有竹器、藤器，雕塑艺术也很有特色。

珞巴族大部分居住在雅鲁藏布江大拐弯处以西的高山峡谷地带，山高林密，人烟稀少，交通十分不便。架栈桥、过独木、爬"天梯"、飞溜、穿藤网，是珞巴族生存的绝技。

珞巴族的民间健身活动与其生活、生产活动密切相关，源于狩猎生活具有竞争性的活动，为民间流传已久的响箭。响箭

雅鲁藏布江边·

屋脊民族的传统文化

青铜八孔响箭

与正常箭一样，所不同的是在箭簇上钻有许多小孔，在离弦时由于空气穿过小孔发出悦耳的响声而得名。是一种专门作为娱乐性活动而使用的工具。

工布响箭大约有1500多年的历史，它是工布地区劳动人民在生产和生活的实践中发明创造的，也是工布地区在庆祝丰收、迎接新年等重要节庆活动中必不可少的竞技娱乐活动。工布地区的民间传统体育响箭比赛，科学地把休闲娱乐、文化艺术、体育健身高度地结合在一起，所以至今盛行不衰，并国家把它列为少数民族体育项目之一。

响箭——弓、箭、靶的原料及制作

射响箭、要具备弓、箭、靶围、靶心、

弓架等。其一，"弓"。弓传统制造）是用长约 1.2 米、宽约 6 厘米、厚 0.7 厘米的两条竹片胶而成的。其二，"箭"。箭的制作非常独特，在长约 0.6 厘米竹箭杆上装着一个头为方体、尾为圆锥体的空心木制箭头，上面钻有四个小洞。箭离弦后，由于空气作用而发出尖厉的鸣号声，给人带来一阵兴奋和乐趣。其三，"靶子"。靶子有靶围和靶子之分。芭围藏语叫作"夏巴"，意为鹿，一般用好的鹿皮制作，用来档箭向前飞行。制作精致美光，上面有许多手工缝制的图案，可以说是一件民间手工艺术精品。整个靶心藏语叫作"本"，是用皮革制作，成环形，直径约 18 厘米，

珞巴族传统体育项目——响箭

珞巴族有着属于他们自己的民俗文化

里外共有三圈，外两圈每宽约 5 厘米，外圈用来固定的、用白色，第二圈为黑色，内圈印"玛尔帝"为红色，是活动的，箭射中"玛尔帝"（红心）便自动脱落。其四弓架。弓架既是比赛前和休息时放弓箭的架子，又是靶子与射手间距离固定的栏杆（防止往前走）。弓架既有专用的，也有临时搭建的，一般长 4—5 米，高约 0.6 米，另外，射手右手的大拇指、食指和中指要带獐子庆缝的指套，左手的大拇指带象牙戒指，防止射箭时被弦手指手皮磨伤。

响箭——比赛的时间、组织、参加者和规则

响箭比赛是一般是在节假日和农闲期间群众自行组织的体育娱乐活动。为了弘扬民间优秀传统文化，林芝地区专门成立了响箭协会。目前，全地区共有 6 个分会，会员达 200 多人。在传统上箭手都为男性，一般以村为单位组成队伍。每当举办响箭比赛时，同村的男女老少都身穿节日服装，备好各种佳肴和青稞美酒，来到比赛现场观看，并组成歌舞队，为自己的箭手歌舞助兴。

响箭比赛场地要有一块长 37—40 米。宽 25—30 米的空地。传统上靶子设北朝南，

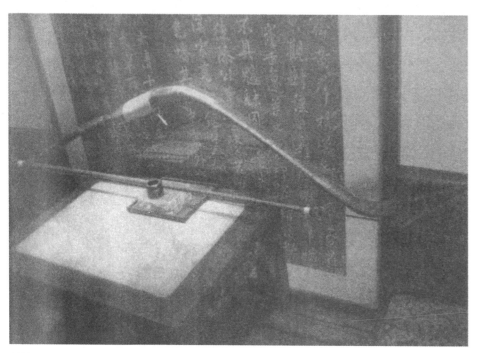

弓箭

箭手由南朝北射箭。这样的摆部既有民间传统习俗上的说头，也有风势方向上的科学道理。比赛时，首先队员们横向排成"一字形"，然后，在箭手们的纵向男女歌舞队分另排成"一字形"（男右、女左）比赛正式开始前，箭手和歌舞队就要齐唱旋律优美、使人振奋的《工布箭歌》，比赛中，男女歌舞队不停地口唱欢迎光临快的箭歌，并且跳一种动作特别的《工布箭舞》，箭手射中靶子，就要敬酒。观众既看赛箭，又看歌舞，真是目不暇接，其乐融融。

响箭的比赛形式既有团体赛，也有个人

赛，规则较严格。每一次开展比赛活动要进行十轮至十五轮，每轮每人射两箭。第一轮从箭手排着横队的左边开始，第两轮从右边开始，以此推至比赛结束为止。比赛时箭中靶心，只要脱落"玛尔帝"（红心）就得两分，脱落黑圈则得一分。一轮中两箭都射中加一箭，再射中继续加箭。记分方式既简单又公开，每一个箭手前的左边另架　放8颗圆形石子、得一分箭手自己从左边的石子中拿一颗摆放在右边，互相监督一目了然。在比赛期间除收箭人以外，任何人都不能在场地内随便走动和横穿，若有此类行为算对人不尊重，要挨大家的

热闹的珞巴族节日场面

屋脊民族的传统文化

责骂。对比赛获胜者的奖励办法有各种各样。一般以精神鼓励为主，物质奖励为辅。只要射中一箭，众人便向他敬一杯美酒，比赛获胜了献一条沾白的哈达，以呼欢声来祝贺，以歌声来赞扬。

喜马拉雅山脉和念青唐古拉山脉似两条巨龙横空出世，由西向东平行伸展，与横断山脉对接，形成群山环绕之势，位于我国西藏自治区东南部的林芝地区就静卧在这三大山脉的怀抱之中。有人称它是西藏的瑞士，也被称为西藏的江南。

林芝地区成立于 1986 年，总人口 17.3 万人，面积 11.7 万多平方公里。山清水秀的

林芝资源丰富

珞巴族

雅鲁藏布江大峡谷地势险要

林芝藏语意为"太阳宝座",它的东面及东北部与云南省昌都地区相连,北面是那曲,西部和西南部分别与拉萨市、山南地区相邻,南部又与印度、缅甸两国接壤,边境线长达1006.5公里。林芝地区地处藏东南雅鲁藏布江下游,平均海拔3000米左右,海拔最低的地方仅仅900米,气候湿润,景色宜人。其主要城镇和景区有错高湖景区、八一镇、雅鲁藏布江大峡谷景区。其中首府八一镇位于尼洋河畔,是该地区政治经济及文化中心。

林芝的原始森林景观保存完好,高原

雅鲁藏布江大峡谷

挺拔的西藏古柏、喜马拉雅冷杉、植物活化石"树蕨"以及百余种杜鹃等等应有尽有，素有"天然的自然博物馆"、"自然的绿色基因库"之称。其中布裙湖一带还是传说中野人经常出没的地方。

林芝是门巴族、珞巴族等少数民族的聚居地，他们的生活习惯及宗教信仰皆保留着浓厚的传统色彩，具有独特的民族风情。古老的传说、淳朴的民俗与氏族、村寨的图腾崇拜、宗教神话联系在一起，给这些古老的民族、遥远的居地笼罩上了一层原始而又神秘的色彩。古老的传统文化以及藏传佛教和当地兴起的苯教的盛行，使林芝拥有著名的寺院等人文景点，与南迦巴瓦峰、雅鲁藏布江大峡谷、巴松错以及察隅、波密等独特的自然风光一道构成了丰富多彩的旅游景观。

林芝这个名字听上去就有趣，或许是它位于西藏东部的缘故吧，藏族人为它起了个富有想像力的名字。如前所述林芝在藏语里是"太阳的宝座"，就西藏其他大多数地区来讲，这里的确是太阳每天升起的地方。

林芝地形起伏大，海拔落差大。全地区平均海拔 3100 米，东西长 646.7 公里，南北宽 353.2 公里，总面积 11.7 万平方公里。

珞巴族

雅鲁藏布江款款流淌的河水在这里留下巨大的拐弯，越过崇山峻岭的喜马拉雅山支脉，从此变成了宽阔平缓的布拉马普特拉何，这条西藏人心中的母亲河在很长的一段是流向西方，缠绕于雄壮的喜马拉雅山脉，可谓绵长，可惜再也寻不到归途。

　　林芝以世界上最深的大峡谷著称于世，并有世界上落差最大的垂直地貌分布，该地区拥有异常丰富的植被及野生动物资源，山高水长，人力难及，原始自然风貌保存完好，是世界仅存的绝少为人类所涉足的净土之一，是一片生机勃勃的世界。众多稀有植物和被完好保存的原始森林，

雅鲁藏布江是世界上海拔
最高的大河之一

屋脊民族的传统文化

喜马拉雅山山脉

使这里成了"天然的自然博物馆"。

绿色的林芝离不开大山的怀抱，喜马拉雅山脉和念青唐古拉山脉似两条巨龙由西向东地平行伸展，"南迹巴瓦"则正是龙脊上的白色雪峰，它海拔 7782 米，是南段喜马拉雅的最高雪峰，与横断山脉对接，形成了群山环绕的独特地形。三座绵延雪山汇聚一处，护佑着这里的人民。笼罩着原始又神秘的门巴和洛巴。演绎出众多古老的神话、传说、图腾以及崇拜。那些久远的原始图腾、原始苯教和盛行于今的藏传佛教隐隐呼应，恰似一朵"隐秘的莲花"。

珞巴族

　　雅鲁藏布江这条世界最高的河流，在奔腾1000多公里后，从朗县进入林芝地区，在米林县迎面遇上喜马拉雅山阻挡，被迫折流北上，绕南迦巴瓦峰作奇特的马蹄形回转，在墨脱县境内向南奔泻而下，经印度注入印度洋。这种北高南低的走势，加之东南低处正好面向印度洋开了一个大缺口，顺江而上的印度洋暖流与北方寒流在念青唐古拉山脉东段一带汇合驻留，造成了林芝地区热带、亚热带、温带及寒带气候并存的多种气候带，形成了这里奇特的雪山和森林并存的局面。

雅鲁藏布江大峡谷

这里形成了世界上最大的峡谷雅鲁藏布江大峡谷。雅鲁藏布江在其西行之中切开喜马拉雅山脉，从南迦巴瓦峰和加拉白垒峰之间穿过，江水泻来，轰响如雷。大峡谷的平均深度为 5000 米，最深处达到 5382 米，这段峡谷长度为 490 多公里，最险峻处位于派区大渡卡到墨脱县邦博地方，有 240 多公里，峡谷上部开阔，下部陡峭。江河流速高达 16 米 / 秒，流量达 4425 立方米 / 秒。奔腾的河水在峡谷底部着滚滚巨石，急吼奔流，声震山崖。山谷里既有固态的万年冰雪，又有沸腾的温泉，既有涓涓细流，又有帘帘飞瀑。从谷底到山顶的垂直自然带，都是一片片人迹罕至的原始森林，里边蕴藏了丰富的自然资源。

珞巴族